AF260207

LE 15ᵉ PROVISOIRE

MOBILE DU CALVADOS

SOUVENIRS HUMORISTIQUES

DE LA CAMPAGNE

DU

LIEUTENANT AGÉNOR DE FILAUXPATTES

CAEN

IMPRIMERIE DE F. LE BLANC-HARDEL, LIBRAIRE

Rue Froide, 2 & 4

—

M D CCC LXXI

LE 15ᴱ PROVISOIRE

(MOBILE DU CALVADOS)

———ᴠᴠᴠᴠᴠᴠ———

SOUVENIRS HUMORISTIQUES

LE 15e PROVISOIRE

(MOBILE DU CALVADOS)

SOUVENIRS HUMORISTIQUES

DE LA CAMPAGNE

DU

LIEUTENANT AGÉNOR DE FILAUXPATTES

CAEN

IMPRIMERIE DE F. LE BLANC-HARDEL, LIBRAIRE

Rue Froide, 2 & 4

—

M D CCC LXXI

Caen et Lisieux, du 15 au 30 août 1870.

Ah ! le beau régiment ! Quinzième provisoire

Fut son nom de baptême et son titre de gloire.

Prenons notre héros à l'état d'embryon ;

Niel mourant le fit naître ; après maint horion,

On le mit en nourrice, et longtemps dans ses langes

Il vécut au milieu de ces papiers-phalanges,

Chimériques soldats qu'Ollivier Cœur-Léger

Et Lebœuf Prêt-à-Tout se plaisaient à ranger.

Pendant que nous leurraient leurs rapports imbéciles,

La France à Wissembourg avait ses Thermopyles,

Et son sol violé sous les pieds allemands !

La patrie en danger ! Allons, braves Normands,

Formez en bataillons cette garde mobile

Qu'oubliait, depuis Niel, un ministre inhabile.

Aux armes! Mais déjà de Caen, Lisieux, Bayeux,

Voici venir les gas, des larmes dans les yeux,

Mais chantant le *Départ* ou bien la *Marseillaise*.

L'appel — le premier! sonne; amis, que l'on se taise,

Dit Labarthe; on se tut sous son geste éloquent.

Le premier bataillon devra s'instruire à Caen,

Le second à Lisieux; à Bayeux, le troisième.

C'est l'heure du départ! En cet instant suprême,

Au pas! jeunes soldats, quittez parents, amis;

Fermes, au pas! sur vous a compté le pays.

Étranger à tes champs, ô sol de la Neustrie!

Je t'aime maintenant, adoptive patrie!

Comme j'aime ces monts qui m'ont donné le jour;

Et toi qui me reçus, Lisieux, ô doux séjour!

Accepte ce tribut de ma reconnaissance,

Car j'ai de ton accueil gardé la souvenance.

—◇—

Lisieux, du 19 au 30 août 1870.

En blouses, en sabots, en bonnets de coton,

Nous arrivons ainsi dans notre garnison.

Pas d'armes ! mais plus tard on obtient avec peine

Des fusils, des képis, des vareuses de laine

En tissu d'amadou. La cause ?... en vérité

Je vous le dis, hélas ! vol ou fatalité !....

On demande bientôt, ô candide ignorance !

Qu'on voulût bien chausser les soldats de la France ;

On répondit ceci : des souliers !... ah ! Moblots,

Avez-vous oublié la Moselle en sabots ?

Non, j'ai forcé la note ; écrivons : incurie.

C'est un triste sujet à la plaisanterie.

Que dire de ces jours ? Dans sa naïveté,

Par lettre à ses parents, un gas a raconté :

Lisieux, le 4 septembre 1870.

« Nos officiers sont bons pour nous, et l'existence

« Est supportable, sauf notre maigre pitance ;

« Mais nous logeons en ville, et le cidre du crû

« Ne nous manque pas, grâce aux bourgeois. — Qui l'eût cru ?

« Je me fais assez vite au métier militaire ;

« Le port d'armes, les feux et le pas ordinaire

« Ne sont plus qu'un vrai jeu d'enfant ; nous commençons

« Déjà des tirailleurs les premières leçons.

« Tous les amis et moi nous avons grande hâte

« (Maman, ne pleure pas !) de partir : ça se gâte,

« Mac-Mahon se replie, a-t-on dit, ces jours-ci ;

« Je ne comprends pas bien ces mots, mais j'ai souci. »

Du 4 septembre au 7 octobre 1870.

Il avait trop raison ; l'Empire à l'agonie

Signait dans Sedan un pacte d'ignominie !

De Guillaume bientôt les bandes de vautours

S'élancent sur leur proie ; et Paris sans secours

Sous un cercle de fer avait fermé ses portes,

Et jusque sous Évreux ont rôdé les cohortes

De l'époux d'Augusta. Le sort en est jeté !

Adieu, riant Lisieux, le Quinzième a quitté

Tes murs hospitaliers. Ta vieille cathédrale

A nos yeux disparaît sous la noire spirale

De la locomotive, entraînant en sifflant,

Vers la sanglante arène, un régiment vaillant.

Du 8 au 15 octobre 1870.

Évreux ! — nous débarquons en gare sans encombre ;

On charge les fusils ; mais de Prussiens, pas l'ombre !

Logés chez les bourgeois peu charmés de nous voir, —

Pour quel motif ? on n'a jamais pu le savoir, —

Nous commençons en plein cette rude existence

Qui, sans carême, fait pratiquer l'abstinence.

On vécut ce jour-là pourtant, mais à quel prix ?

Messieurs les gargotiers, d'enthousiasme pris

En voyant dans leurs murs nos jeunes militaires,

Firent... les braves gens, honneur... à leurs affaires !

Le cidre se vendit, le pichet, quinze sous !

Un gas fut mécontent, on le rossa de coups.

Le lendemain on part, avec la première heure,

Courir sus aux hulans jusqu'à Pacy-sur-Eure,

Par tout un escadron dès la veille occupé.

Nous arrivons,..... bernique... ils avaient décampé !

« Allons, derechef, en avant ! dit Beaurepaire,

« Au moins commençons par une brillante affaire. »

Le lendemain courant nous entrons dans Epieds ;

Mais les Prussiens encor s'étaient tiré des pieds !

Et dans ces tristes lieux on vécut Dieu sait comme ;

L'indigène appliquant par trop la « *tax income* »

En papiers on paya : par réquisition,

A. G. D. G. je crois, utile invention.

Cependant, de Vilhem les cohortes tudesques

Allaient continuant leurs exploits barbaresques.

Deux bataillons de l'Orne, un lors sous Bondonnet

Se replia, tandis que l'autre bon donnait ;

Mais il dut à son tour détaler. Le val d'Eure

Attirait l'ennemi pour y faire son beurre.

Dreux était assiégé par trente-cinq hulans ;

Le maire, à leur rencontre avançant à pas lents,

Leur dit : « Que voulez-vous ?—Cent mille francs espèces

« Trois pendules, du lard et de schnik quatre pièces... »

— Se tournant fièrement vers sa chère cité,

Avec un noble geste à la Grèce emprunté,

Drapé dans son écharpe, il répond : « Viens les prendre,

« Demain... nous sommes prêts à... ne pas nous défendre. »

Dans ces termes conçus, un message épatant

Arrive à Beaurepaire ; il n'en fut pas content ;

A preuve, c'est qu'il prit, malgré Monsieur le Maire,

Le chemin de Dreux. Mais la torche incendiaire

Des Allemands avait fait flamber Chérisy,

Et pour les déloger un bataillon choisi,

C'est le premier — Bayeux en avant se déploie,

S'élance pour venger le hameau qui flamboie ;

Vain espoir, on arrive et le Prussien s'enfuit ;

Les autres bataillons avancent à la nuit

Et s'emparent de Dreux sans brûler une amorce :

Le Quinzième avait fait son premier tour de force !

L'accueil fut cordial, alors que le tambour

Prévint les habitants que nous faisions séjour.

On envoya d'abord Batardon l'héroïque

Méditer quelque part sur la terreur panique.

A nos soldats mêlés, fiers d'être encor français,

Le soir, les habitants burent à nos succès.

Beaurepaire, craignant une flèche de Parthe,

Veillait tout anxieux interrogeant sa carte.

Le lendemain, à l'aube, il mande du renfort :

Canons et cavaliers et tout ce qui rend fort ;

Et Fiereck, nous voyant décidés à nous battre,

Nous envoya Masson et trois pièces de quatre,

Puis Dionnet avec cinquante francs-tireurs

Et des gendarmes pour nous servir d'éclaireurs.

On tint en ce moment de grands conseils de guerre,

On fit de beaux projets qu'on n'exécuta guère ;

Mais ce fut le bon temps : des alertes parfois ;

Des hulans... on en vit jusqu'à deux à la fois ;

Les grand'gardes pourtant n'étaient pas à leur aise,

Passaient la nuit sans tente et la trouvaient... mauvaise.

Sauf ce léger détail, tout était pour le mieux.

Voici venir pour comble un convive joyeux,

Le docteur Labordette avec son ambulance,

Que l'amour... du prochain seul vers ce grand but lance ;

Avec le cher docteur, portant brassard et croix,

Venait Montgommery ; disons comme Dunois :

(En avant la musique !) Honneur à la plus belle !

Enfin pour compléter : Bertheux, Lugand et Bayle ;

Quand nous aurons cité : Mesnil, Aglaë, Djeau,

Rien ne manquera plus à ce charmant tableau.

Du 15 au 28 octobre 1870.

Adieu, gaîté française, adieu ; des jours néfastes,

Trop tôt, devaient venir s'inscrire dans nos fastes !

— Quinze octobre. — La cour martiale d'abord

Siége et condamne deux pauvres diables à mort.

Hélas ! qu'avaient-ils fait ? laissons, dans les ténèbres,

Dormir à tout jamais ces souvenirs funèbres.

Rebelle et traître avaient reçu leur châtiment !

Groualle, vers Anet, s'avançant hardiment,

Aux portes de Houdan campe avec assurance ;

Le seize, il revenait de sa reconnaissance.

Le dix-huit, jour fatal, au lointain on croit voir,

Du côté de Nogent, surgir un casque noir.

Aux armes ! le clairon a sonné l'assemblée,

Vers le point menaçant la grand'garde est doublée.

Beaurepaire toujours ardent, impétueux,

Monte jusqu'au sommet du vieux dôme de Dreux,

Ah ! que pour peu de chose on faisait grand tapage !

Il interroge en vain l'horizon. — Le vitrage

Se brise sous ses pieds ; le pauvre colonel,

Du haut précipité, tombe aux pieds de l'autel,

La tête va porter contre la dalle froide.

On accourt ; mais trop tard : il était tué roide !

Le lendemain, au soir, le funèbre convoi

De notre excellent chef mettait Dreux en émoi ;

Le pleurant avec nous, on vit la ville entière

En deuil l'accompagner à l'étape dernière.

« Repose en paix, soldat, victime du devoir ;

« Adieu, mon colonel, mais, chrétien, au revoir ! »

S'écria Le Hardy, quand l'ardente spirale

Du wagon emportait vers la terre natale

Où, près de ses aïeux, devait être inhumé

Le corps que, le matin, Bayle avait embaumé.

Le vingt, — rien de nouveau ; de détails soyons sobre.

Mais Chartres s'est rendu le vingt-et-un octobre ;

Von der Thann demain va nous tomber sur le dos.

On tient conseil : que faire ? et quelqu'un en deux mots

Le dit : replions-nous et surtout en bon ordre.

Mais Velly combattait ce plan sans en démordre,

Et de Mignotte aidé l'on discuta longtemps ;

Comme en somme on perdrait de précieux instants,

A minuit très-précis on sonna la retraite,

Et jusqu'à Nonancourt on courut d'une traite.

De Dreux à Nonancourt, de Nonancourt à Dreux :

Tels furent nos exploits pendant un jour ou deux.

Le vingt-trois, cependant, le Quinzième contemple

Un petit homme noir qu'on appelle Du Temple ;

Qui depuis…..; c'était là le général en chef.

Or, nous occupions donc la place derechef ;

On devait, disait-on, s'y maintenir et même

En faire Châteaudun, édition deuxième.

Il avait avec lui ses marins fusiliers

Et de Garonne et Lot deux bataillons entiers ;

Enfin toute une armée appelée Eure-et-Avre.

Et les Prussiens mettaient nos heures dans leurs Hâvre—

—Sacs, pendant notre course, aux alentours pillant,

Quand, pour les arrêter, Du Temple fit un plan ;

Eh ! oui, comme Trochu, ne puisse vous déplaire,

Il ne fut pas pourtant porté chez le notaire ;

La preuve, la voici : mais, n'anticipons pas.

Le premier bataillon, sous Reynaud Fier-à-Bras,

Occupant Lépinay devait s'y tenir ferme.

Voyant trois cuirassiers blancs rôder près la ferme,

Il demande aussitôt des renforts à grands cris :

« Je suis cerné, dit-il, venez ou je suis pris. »

— « Vire à bord, dit Félix ; sur le pont tout le monde !

« Je pilote aussi bien à terre que sur l'onde. »

L'état-major accourt : « Écoutez, nous allons

« Tous sortir à nuit close avec nos bataillons

« En marchant déployés. Une heure après la ville

« Est une maison blanche en avant de Marville,

« C'est un nid de Prussiens ; l'objectif, le voilà.

« La tête faisant halte à cent mètres de là,

« Babord, tribord, feu, puis jouons des baïonnettes.

« Mon plan est infaillible et surtout, Messieurs, faites

« Beaucoup de prisonniers pour plaire à Gambetta.

« Suivez mon ordre, allez, sans omettre *iota*. »

On obéit : de Dreux nous sortîmes en peine.

Il était à cheval, son sabre dans sa gaîne ;

Les champs sans l'ornement des jours où l'épi naît

Semblaient jaunes et longs. Auprès de Lépinay

On arrive : pif, paf, la fusillade éclate ;

Le ciel semble compliçé et devient écarlate ;

L'aurore boréale ajoutait à l'horreur

D'un spectacle effrayant sa sanglante lueur.

Écoutez, au milieu du sifflement des balles,

Des feux de peloton, ces cris, par intervalles,

Des blessés, des mourants : c'est un combat affreux ;

Nos mobiles tiraient et se tuaient entre eux.

Ce fut par accident qu'au sein de la mêlée

On tua trois Prussiens cachés sous la feuillée.

« Sonnez : cessez le feu ! les clairons..... arrêtez, »

Allait criant Du Temple aux moblots entêtés

A ne pas lâcher pied, à tenir bon quand même.

Du feu, les gas normands recevaient le baptême !

Ils furent, ce jour-là, braves, mais malheureux ;

Les morts et les blessés, hélas ! furent nombreux.

Le cheval de Lacroix reçut sept, non, huit balles ;

La neuvième restait dans les fosses nasales

De ce coursier fameux, quand un dixième plomb

Vint l'extraire ; du coup, Lacroix perdit l'aplomb,

Roula dans le fossé sans perdre ses lunettes,

Et comme un colonel revint les... cuisses nettes.

Ce beau trait, qui nous fut raconté tant de fois,

S'appela depuis la descente de la croix.

Alors que finissait le céleste incendie,

Les clairons sonnant : en avant la Normandie !

De ce fiasco lugubre annoncèrent la fin.

Sur la ville inquiète on se retire enfin.

Atteint par une balle, on ramène en voiture,

De Chivré qui bientôt succombe à sa blessure.

On panse les blessés, et puis quand vint minuit,

Pour la seconde fois, on décampa sans bruit,

Aux abois laissant Dreux.—A droite on prend la route ;

Cette fois, où va-t-on ? à Nonancourt sans doute ?

Eh ! oui, nous connaissons dès longtemps le chemin.

La nuit fut longue et froide ; on marche. Le matin,

Un de nos gas s'étant oublié dans la ville,

A dix heures s'éveille et, d'un air fort tranquille,

Regarde à la fenêtre : à l'instant deux hulans,

Sabre au poing, descendaient la Grand'Rue à pas lents.

Le moblot, qui les voit, sans hésiter s'élance

Et s'accroche à l'un d'eux en écartant sa lance,

L'arrache à son cheval qu'il tient par le licol,

D'un vigoureux effort le jette sur le sol,

L'assomme comme un bœuf d'un coup de poing solide.

Déjà l'autre Teuton fuyait à toute bride.

Pelletier prend le sabre et le cheval du mort,

L'enfourche, puis le soir nous rejoint à bon port.

On passe Nonancourt, on s'arrête à Louie,

Tillières, Verneuil ; là commence une autre vie.

—◇—

Verneuil, 9 novembre 1870.

Bazaine a rendu Metz ! Bazaine a donc trahi !

Ils sont un million sur ton sol envahi,

Ces barbares, ô France ! ardents à la curée.

Ils volent sur Paris, leur marche est assurée ;

Vilhem vient de l'écrire à sa chère Augusta.

O Français ramollis, montons au Golgotha !

—◇—

Verneuil, 10 novembre 1870.

A LOUIS N...

Verneuil, quel doux séjour ! Quelle hospitalité
Je reçus dans ton sein ! rêve ou réalité !
Où suis-je donc ? Ces murs capitonnés vert tendre,
Ce lit douillet, moelleux : *« je n'y puis rien comprendre; »*
Et cette blonde fée aux petits soins pour moi !
Morbleu, le bon billet que j'ai là ! sur ma foi,
Suis-je bien en campagne ou plutôt en vacance ?
Voici, mon cher Louis, ici notre existence :
Je me lève et je vais à notre pension;
Et nous passons de là, deuxième station,
Au café; puis je vais au bureau de la place
Où je trouve toujours Calvet qui paperasse;
Il fait l'homme affairé, discret, mystérieux :
Le commandant de place est vraiment curieux;
Il sait que tout cela ce n'est que pour la forme.
Comme un secret d'état doucement il m'informe,

L'œil sévère..., qu'il est temps d'aller... prendre un bock,

Et nous nous dirigeons vers la maison *ad hoc.*

Chez mes hôtes, le soir, grand dîner en famille,

Intimité charmante, un bon feu clair pétille;

On cause de la guerre et souvent de Paris;

On dîne; à mes côtés sont deux charmants babys;

On me gâte. Comme eux, j'aime la friandise,

On le sait et je vais de surprise en surprise.

A huit heures, assis autour de l'âtre en rond,

Nous voyons arriver haut et puissant baron

De Viel Castel, causeur disert, joyeux, aimable.

Bébé, son fils, le suit; soyez-lui charitable,

Madame, ayez pitié de sa jeunesse, alors

Qu'interdit près de vous il fait de vains efforts

Pour raconter comment le marquis, son grand-père,

S'y prit pour devenir l'époux de sa grand'mère.

Par la voix de son fils, au dénouement bercé,

Le baron, dans son pouf, doucement renversé,

Ferme l'œil, et mettant sourdine à sa faconde

En souriant il part, sans doute, au Nouveau-Monde.

Le voyage durait jusqu'au thé; réveillé,

Le baron entr'ouvrait son œil ensommeillé.

La dame de céans, avec sa grâce exquise,

Le priait de parler de l'illustre marquise

De Bois-Flotté, sa tante, ou bien du Jockey-Club,

De ceci, de cela, de l'Amérique-Sud ;

Et le baron parlant parlait jusques à l'heure

Où chacun à minuit regagnait sa demeure.

—◇—

Verneuil, 10 novembre 1870.

Le premier bataillon vient d'occuper Saint-Maixme ;

A la Ferté-Vidame est toujours le troisième,

Et de Verneuil-Capoue on doit nous arracher ;

Le général Du Temple en avant va marcher.

—◇—

Dreux, 15 novembre 1870.

L'ennemi quitte Dreux, et l'armée Eure-et-Avre

D'y rentrer aussitôt, c'est là ce qui me navre.

Les Prussiens repliés du côté de Paris

Ont laissé cette odeur « *de sui generis.* »

Novembre devient froid et les nuits sont brumeuses;

Il va neiger bientôt; sous leurs minces vareuses

Grelottent nos soldats; leurs souliers de carton

En lambeaux sont tombés. Les Prussiens, nous dit-on,

Reviennent; Mecklembourg, de Chartres nous arrive;

Il faudrait se tenir partout sur le qui-vive;

Bast.... laissons-les venir! et nous nous pavanons

Vers la Loire envoyant nos six petits canons.

En gens bien élevés ces messieurs crîront gare!

Sans s'en inquiéter on fume son cigare.

Calme, parfois on voit passer le général,

Aussi petit à pied qu'il est grand à cheval.

Félix était son nom, nom d'un heureux présage;

Nous allons voir comment il en fit bon usage.

Laigle, le 19 novembre 1870.

Rallions au drapeau mes souvenirs confus.

Les Prussiens sont à Dreux et nous n'y sommes plus !

Le dix-sept — il était près d'une heure et demie,

A Cherisy d'abord, la colonne ennemie

Attaque la grand'garde. Auprès de Nuisement

On entend retentir le hurrah allemand.

Reynaud, qui n'avait rien du fier Renaud du Tasse,

Préférait à la gloire absinthe ou demi-tasse.

Pour défendre, dit-il, l'accès de la hauteur,

S'en fut au grand galop de son cheval sauteur ;

A Chaudey seulement, dans sa course effrénée,

Il arrêta, sans peur, enfin sa haquenée.

On en glosa : voyant tourner la chose en mal,

Reynaud attribua la faute à son cheval.

Tandis que vers Nogent apparaissaient en masse

Badois et Bavarois noirs, mais brillants de crasse,

Les marins aussitôt s'élancent bravement,

Et couchés dans les bois auprès de Nuisement,

Les laissent approcher, vrais types germaniques.

Les voici, regardez, alignés, méthodiques.

Soudain un long éclair illumine le bois :

Les loups de mer avaient fait feu tous à la fois !

L'air s'obscurcit; des cris de douleur et de rage

Remplacent les hurrahs, la mort fait son ouvrage.

Les cadavres prussiens ont jonché les sillons,

Et l'on vit un instant leurs épais bataillons

Reculer effrayés; mais le Grand Duc s'avance,

Déploie en tirailleurs, sur une ligne immense,

Les lourds Mecklembourgeois, inquiets de leur sort.

Le chassepot, fidèle à son œuvre de mort,

Éclaircissait en vain ces rangs automatiques :

Ilotes bavarois ou serfs hanséatiques.

Quels hommes, ces marins luttant un contre dix !

Leur vie... ils la jouaient comme un maravedis.

Ils veulent, pour avoir la conscience nette,

Courir aux ennemis avec la baïonnette;

Du Caingo les retient. A la poitrine, au bras,

Écoutez ce vieux maître atteint par des éclats,

S'écrier tout sanglant : ah ! ma pauvre chemise ,

Toute neuve ! — Animal, pourquoi l'avais-tu mise ?

Et de trois.... criait l'autre, il faut, vois-tu, fourrier ,

F..... saint Chassepot dans le calendrier.

Sergent et de Bacq, las de ne pouvoir rien faire ,

Ont pris un fusil et tirent pour se distraire.

Bravo, Mathurins, dit Michaud, juge des coups ;

Ah ! s'ils n'étaient du moins que mille contre nous !

Mais Du Temple arrivait, et les gas de Coutance

Avec le Calvados prennent part à la danse.

L'orchestre est-il complet ? — Oui, moins le baryton ,

Le voilà ! Saluez, pour être de bon ton ,

L'obus qui le premier passe sur votre tête.

Continuons, je crois que la fête est complète.

Peu faits à ce concert, les gas du Calvados

Serrent aux premiers coups les flancs, baissent le dos.

Cette musique leur fut bientôt familière ;

On répond au canon à coups de... tabatière.

De son cheval géant, Félix, faisant abus,

Chevauchait à travers les balles, les obus.

« Ah ! mes vieux loups de mer, disait-il, du courage ,

« Ne laissons pas lancer les grappins d'abordage ,

« La Gauloise, tiens bon, tiens bon jusques au soir. »

Avec ses vieux mousquets, Coutance au désespoir,

Se battait avec rage, et couvert de mitraille

Tirait caché derrière un mur et de la paille ;

Là, de Mons est tombé frappé mortellement.

Les Prussiens avançaient, et déjà Nuisement

Se tordait dans la flamme... O grand roi d'Allemagne,

Voilà de tes exploits pendant cette campagne !

L'histoire inexorable attend au pilori

Guillaume incendiaire et Bismark favori.

On se battait toujours ; la cinquième heure sonne :

Enfin Malherbe vint ; le premier en personne

Fit battre la retraite et le premier passa

Route de Nonancourt, car on connaissait ça.

Argentan , du 21 au 25 novembre 1870.

A Mme LA COMTESSE DE MONTGOMMERY.

Comtesse, sur ma foi, vous êtes ravissante ;

Sous le frac polonais, votre taille d'infante

Dessine artistement ses contours gracieux ;

Et ce coquet chapeau qui penche sur vos yeux,

Avec la plume au vent et la croix de Genève,

Vous sied, mais à ravir ; permettez que j'achève :

Vous qui ne craignez rien, un brin de madrigal

Ne peut vous effrayer ; cela ne fait pas mal,

Par rareté du fait. Au milieu de l'armée,

Quand les balles pleuvaient, sans en être alarmée,

On dit que vous couriez, avec ce fin souris,

Relever les mourants ; je n'en suis pas surpris ;

« Nous dont la barbe est le partage,
« Messieurs, ne nous en vantons plus :
« Les femmes ont notre courage
« Et nous n'avons pas leurs vertus. »

Voici le madrigal ; maintenant, je vous prie,

Ressaisissons le fil de notre causerie.

Vous restâtes à Dreux pour soigner les blessés ;

Voici, d'après vous, les événements passés

Depuis notre départ ; nuit du dix-sept novembre :

Vous quittant, j'écrivis ces notes dans ma chambre.

— Le dix-huit, les Prussiens enfin nous ont permis

D'enterrer nos morts ; Bayle et Lugand se sont mis

En route ; à Nuisement, près de la Ferme-Blanche,

Vingt cadavres au moins, des moblots de la Manche ;

Et plus loin des marins : trente-cinq environ ;

On trouva des blessés presqu'à chaque maison.

Le Père Granger, plein de son saint ministère,

Donnait à l'un l'espoir, à l'autre une prière.

La veille on l'avait vu, des blessés plein les bras,

Courant dans les obus éclatant sous ses pas ;

C'est alors qu'un marin, à son heure dernière,

Pressant sa noble main, des pleurs à sa paupière,

Lui dit, en recevant le suprême pardon :

Je vais dire là-haut combien vous êtes bon!

De Mons à sa blessure avait succombé; Bayle

Ne voulut pas lâcher l'occasion si belle

D'affirmer de nouveau son talent d'embaumeur ;

Et de Mons par ses soins eut ce funèbre honneur.

Le lendemain, dix-neuf, quand le jour allait poindre,

L'ambulance songeait aux moyens de rejoindre.

Le Von... fit le galant: c'est beau pour un Teuton,

Et pour la route offrit une escorte, dit-on.

Sans accepter pourtant, sur Laigle vous filâtes ;

Ce fut en cet endroit que vous nous retrouvâtes.

Là, Malherbe, au plus grand hôtel de la cité,

Fumait le calumet de la perplexité;

Il s'écriait : Que faire en cet état critique?

Et ce grand général, digne d'un temps antique,

Fumait, fumait toujours, quand il ne dormait pas,

En soupirant : comment se tirer de ce pas?

Après un déjeûner arrosé de Sauterne,

Promenant sur nous tous son regard morne et terne,

De plus en plus perplexe, il advint qu'en bâillant

Il pria Valframbert de lui trouver un plan.

Valframbert, saisissant sa plume de Tolède,

Écrivit tout d'un trait : « La cause que je plaide

« Me fait dire à mon tour, Messieurs, jusques à quand

« Verrons-nous l'avocat se faire aide-de-camp ;

« La toge au chassepot crier miséricorde ;

« Et tout notre pathos, usé jusqu'à la corde,

« Emplir de longs placards ; remède à nos grands maux,

« Les hommes noirs de Tours apporter les grands mots?»

Enfin, se souvenant qu'il était militaire,

Il écrivit : Ordre. — On va comme à l'ordinaire

Se replier. De lui, Malherbe fut content,

Et je vous vis, Madame, à l'hôtel d'Argentan.

Aux mères des blessés d'abord nous écrivîmes,

Puis aux parents de ceux à Dreux tombés victimes ;

Enfin par le railway nous prîmes notre essor

Pour aller vers Le Mans tenter encor le sort.

FEUILLETS DU JOURNAL D'UN MOBILE DE BRETTEVILLE-SUR-LAIZE.

Du 2 au 9 décembre 1870.

Décembre — mardi sept, chers parents, je m'empresse
De vous faire à la fin parvenir mon adresse :

Debaize, Cyprien ; — écrire exactement :
Mobiles-Calvados, quinzième régiment
De marche ; oh oui, de marche, et de marche infinie !
Deuxième bataillon, cinquième compagnie,
Et destination... inconnue à Paris !
Ont crié quelques-uns ; mais, moi qui vous écris,
Je ne crois que mes yeux et non la renommée ;
Puis vingt-unième corps de la deuxième armée
De la Loire. Ajoutez à la suscription,
Surtout, le numéro de la divifion :

La troisième sans tache, et première brigade ;

Tout ceci fait, après trois mois de promenade,

Votre lettre pourra m'arriver par hasard :

Mieux vaut tard que jamais, a-t-on dit quelque part.

—◇—

9 décembre 1870.

Pendant plus de trois mois nous sommes sans nouvelles

Du pays ; nos jours sont pleins d'angoisses cruelles.

On va se demandant : Faidherbe et Bourbaki

Sont-ils vainqueurs ? Non ; c'est alors la faute à qui ?

Parfois de grands discours noirs de belles paroles

Nous sont lus à l'appel ; autrefois aux écoles

J'ai, sans comprendre, appris des mots comme cela.

Je ne comprends pas mieux aujourd'hui, car voilà

Trois jours que nous couchons sur le champ de bataille

Ou plutôt nous venons, à la nuit, vers la paille

Du bivouac matinal ; je ne puis l'oublier :

Trois jours passés sans qu'on songe à se replier !

Comme de vrais piquets plantés avec une arme,
Nous sommes auditeurs du plus affreux vacarme
Qu'on entendit jamais. Mitrailleuses, canons,
Le Reffye et le Krupp, engins de tous les noms,
De Lorge à Beaugency, de tous les côtés tonnent;
Les échos des forêts de Marchenoir résonnent.
Trois jours entiers passés, morfondus, l'arme au bras,
Attendant grelottant l'ordre, qui ne vient pas,
De marcher au canon et de trouver pour cible
Quelque paratonnerre, à nos rangs invifible.
Choucroutmann est, dit-on, mené tambour battant
Par Jauréguiberry : bravo, je suis content !

—◊—

10 décembre 1870.

Chassepot, mon ami, tu n'as pas la parole,
Car depuis qu'on nous a déployés à Marolle
Le canon, et toujours le canon ; des obus
S'égarent jusqu'à nous, mais on ne les craint plus :

A tel point qu'un moblot, je crois, de Bretteville,

Hier, voit près de lui tomber un projectile.

L'engin, en sifflotant et creusant un grand trou,

Disparaît comme un lièvre en faisant froufroufrou.....

Que fait le gas? il court, avec sa baïonnette,

Il déterre l'obus, revient : « Voici la bête,

« Dit-il, le présentant au lieutenant Paulmier ;

« Trouve-t-on dans vos bois de semblable terrier ?

« Avec des lièvres noirs comme ça, c'est un rude,

« Mais moi j'aimerais mieux chasser à la Bijude. »

—◆—

11 décembre 1870.

Il paraît qu'on se bat toujours sans nous ailleurs.

De Marolles, les champs sont pleins de tirailleurs ;

Gelés, toussant, perclus, l'arme au pied, on enrage ;

Nous crions : En avant ! Patience et courage,

Murmure quelqu'un, c'est le Père Révérend.

Aux postes avancés il allait secourant

Des blessés emplissant une vieille chaumière ;

Un hulan aperçoit le vieux chapeau du père,

Fait feu, le manque , puis une seconde fois

Tire. — Le cher abbé fait un signe de croix,

Lui lève son tricorne avec son doux sourire ,

Et près de ses blessés lentement se retire.

❖

12 décembre 1870.

Le dimanche, des deux côtés, calme complet ;

A ne pas le troubler le brutal se complaît];

Et l'aumônier de dire aussitôt une messe.

L'autel est sous la tente et lui-même confesse ,

Après, bien entendu, que prêtre, servant, vin,

Étaient gelés! l'abbé ne se plaint pas en vain,

Le bon père Granger pour lui n'était pas tendre !

❖

Authainville, 12 décembre 1870.

Chanzy s'est replié ! c'est à n'y rien comprendre ;

Depuis hier l'ennemi pourtant n'a pas bougé.

Cinq heures, dans les champs, nous avons pataugé

Pour gagner Authainville : environ une lieue

En cinq heures ! Il pleut, et ma main toute bleue

Par le froid me contraint de finir mon journal.

Chers parents, on recule ! adieu, je suis en mal

Du pays maintenant. Chers amis, pauvre France !

Que je voudrais finir par ce mot : Espérance !...

Mais non, mon cœur se serre, irai-je vous revoir ?

N'y pensons plus, adieu, faisons notre devoir.

(Fin du journal du mobile de Bretteville-sur-Laize.)

◆

Du 13 au 22 décembre 1870.

Il pleut ! nous arrivons à Fréteval le treize ;

Mauvais nombre, me dit un des gas de Falaise.

Dans ce triste village et trempés jusqu'aux os

On défile. — La nuit vient, c'est un vrai chaos.

Ah ! je me souviendrai longtemps de cette scène ;

De l'eau tombant toujours en trombe diluvienne.

On voyait se heurter en traversant les ponts,

Pêle-mêle arrivant : caissons, convois, fourgons.

Pressés, à l'heure on fait quelques pas. En cohue,

Lignards, moblots, marins, entassés dans la rue,

Hurlant, vociférant, et par dérision,

Jusqu'au cou dans la boue on crie : où campe-t-on ?

La déroute commence, et la veille dociles,

La voix des chefs n'a plus d'écho chez nos mobiles.

— Au Mans, viens-tu, le gas ? dit l'un. Sans autre avis

Un, dix, trente, cent, mille en route se sont mis ;

Et j'ai passé la nuit de ce treize décembre,

Moi, quarante-et-unième, en une étroite chambre.

Ce soir on n'eût pas mis à la porte des chiens ;

Et pourtant ils marchaient, ces satanés Prussiens !

Au matin, on les trouve établis sur la crête,

Les Krupps sans prévenir commencèrent la fête,

Et le Quinzième y fut convié. Que d'obus !

Que d'obus ! dans ce jour lui tombèrent dessus.

Plus de bruit que de mal, par bonheur, car en somme

De tout le régiment on ne perdit qu'un homme :

Bazire, un bon soldat ; Lelarge, le clairon,

Mourut plus tard ; on eut dix blessés environ.

Les marins de Collet, le soir, à l'abordage

Reprennent Fréteval, et, malgré leur courage,

Par le nombre accablés retournent à leur camp ;

Blessé, Collet leur chef expira sur-le-champ.

Le lendemain on fut de la partie encore,

Quand on reprit enfin Fréteval à l'aurore ;

Et libres désormais dans tous nos mouvements,

Par Busloup et Montfort on regagna Le Mans.

Le Mans ! c'était pour nous le séjour féérique,

Nous avions tant souffert ! Rares, nos vieux d'Afrique,

Tout pleins des souvenirs de ces lointains pays,

N'osaient dire pourtant à nos bleus ébahis,

En face de nos maux, de nos rudes fatigues :

« Tout cela ce n'est rien, vous n'êtes pas des zigues,

« Car nous en avons vu bien d'autres par là-bas ! »

Les vétérans avaient souffert avec nos gas.

Gardant pour d'autres temps leurs blagues amassées,

Frissonnant, ils songeaient aux longues nuits passées

A Marolles, sans feu. Ces moblots en haillons,

Les vieux les avaient vus et les tenaient pour bons.

—◇—

Le Mans, du 26 décembre au 9 janvier 1871.

*A LOUIS M***.*

Depuis le vingt du mois de décembre nous sommes

Aux alentours du Mans près de cent vingt mille hommes.

On n'y fait pas grand'chose, on pourrait faire mieux ;

Je crois que nous perdons un temps fort précieux :

C'est là mon humble avis ; mais celui qui commande

A son plan ! Quel est-il ? Dame, on se le demande.

Je crois que tout va mal du côté de Paris,

Et depuis quelques jours des bruits nous ont appris

Que Guillaume faisait, digne exploit d'un vandale,

Bombarder par ses Krupps la grande capitale.

Des obus vont frapper, contre le droit des gens,

Des vieillards, des enfants, de petits innocents ;

Horreur ! En attendant, nous, sur nos deux oreilles,

A Fontey, nous dormons en bâillant aux corneilles ;

Et si, de cet endroit, nous allons jusqu'au Mans

Acheter des souliers ou des habillements,

Il nous faut dix cachets avec leur signature

Pour prendre dans la ville un peu de nourriture ;

Mais l'état-major veille à son plan tout entier.

Quels officiers ! quel corps ! qu'ils savent leur métier,

Ces messieurs chamarrés ; chez eux, que de prudence !

Par ce fait juge si grande est leur prévoyance :

A moins de six galons, qu'il soit tard, qu'il soit tôt,

A chaque hôtel Pandore oppose son *veto.*

— Mais j'arrive, j'ai faim, bon gendarme, de grâce !

— Ê-tés-vous de l'état-major zou de la place ?

— Non, — zil faut pour mangerrrr l'ordre du général,

« Même que vous seriez le petit caporal. »

Ah ! comment de tels gens n'ont pu sauver la France !

Mon humeur bilieuse et ma désespérance

M'agitent aujourd'hui. Le docteur Taillefer

Vient de me conseiller d'aller prendre un peu l'air.

Adieu, mon bon ami ; je clos donc cette lettre

Que, partant, un moblot en tes mains va remettre

A destination..... Mais quelle sera donc

La nôtre ?... Enfin, adieu, je divague, pardon !

Le Mans, 11 janvier, dix heures du soir.

Oui, mon cher lieutenant, me disait Labordette,

Je viens de chez Chanzy : d'une façon très-nette

L'action se dessine et tout va bien pour nous.

Écoutez !... nos canons portent les derniers coups.

Bonne nuit, à demain, on peut dormir tranquille.

Le Mans, 12 janvier, dix heures du matin.

Que s'est-il donc passé? Que de bruits dans la ville!

Pourquoi, docteur, cet air anxieux, attristé?

Que vois-je? des obus pleuvent dans la cité!

On se replie encor! ô déchirant spectacle!

Pêle-mêle soldats, chevaux, quelle débâcle!

Mobilisés, moblots, valides ou blessés,

Francs-tireurs, cavaliers, de s'enfuir tous pressés,

S'entassent sur les ponts que la cohue assiége.

Les canons, les convois, renversés dans la neige,

Restent abandonnés! Dans toute son horreur,

C'est une armée avec la panique terreur,

Un flot humain roulant, les uns broyant les autres.

Le Mans, 12 janvier 1871, onze heures et demie du matin.

Allons à Savigné pour rejoindre les nôtres.

A peine de retour, de Labarthe éloigné

Ralliait au canon auprès de Savigné.

— Deux heures — on se bat près de nous sur la gauche.

Calme, sur notre front, le colonel chevauche.

— Trois heures — jusqu'à nous arrivent les hurrahs :

Le Quinzième, en avant ! et tapons dans le tas.

Le sergent Lefrançois un des premiers succombe.

Mortellement blessé bientôt Le Pipre tombe.

Les Prussiens !... on les voit sourdre de vingt endroits.

Le premier bataillon, fort pressé dans Touvois,

Réclame du secours. — Contre sa barricade,

L'œil superbe, au milieu de cette fusillade,

La Rougefosse est là, sur sa canne appuyé.

Raymond De Kergorlay, par Labarthe envoyé,

Porte un ordre qu'il doit remettre qu'en main sûre.

Une balle l'atteint : qu'importe sa blessure !

Il poursuit son chemin le bras ensanglanté.

On se battit ainsi jusqu'à l'obscurité.

Des soldats de Jaurès la brillante conduite

Du reste de l'armée avait masqué la fuite.

Hélas ! beaucoup manquaient au premier bataillon ;

A l'appel du soir, à Souligné-sous-Ballon,

On pleura les absents. Bravement tout le monde

Avait fait son devoir. Legougeux, de La Londe,

Les deux de Kergorlay, d'Osseville, Daucher,

Disparus !... avec eux le bon père Granger.

—◇—

LETTRE D'UN GAS DE GUIBRAY.

16 janvier 1871.

Chers parents, chers amis, oh ! j'ai le cœur à l'aise ;

J'ai vu, sans le falot populaire à Falaise,

J'ai vu ce qu'on n'a pas vu depuis bien longtemps ;

Si vous saviez combien tous nous sommes contents !

J'ai vu, dans nos malheurs, alors qu'on désespère,

Un fait comme en contait autrefois mon grand-père.

Je vous le donne en cent... en mille... devinez : .....

Aux Prussiens qui fuyaient j'ai fait un pied de nez !

Voir fuir les Prussiens ! ça mérite qu'on en cause ;

Mais aussi tout du long je veux conter la chose.

Déjà depuis trois jours et par ùn froid de loup

Nous marchions ; la neige arrivait au genou.

On arrête à Sillé par le brouillard, dimanche.

Voici les Bavarois noirs sur la route blanche.

Nous nous regardons tous et vous savez l'effet

Que ça produit d'abord ; dame, on n'est pas parfait.

Ils choisissent leur jour, dans ses lèvres railleuses,

Dit Villeneuve ; il fait signe à ses mitrailleuses…

Et… crrrrac… c'est le bonjour de ces petits joujous.

Bon, voilà les Prussiens tous sens dessus dessous,

Qui font dans les fossés : couchez-vous ! sur la neige ;

Mais aussitôt tonnant quatre pièces de siége

Leur sonnent un réveil qui n'est pas de leur goût.

Sur le chemin, voilà tous mes corbeaux debout ;

Mais crrrrrac, tous nos moulins recommencent la danse,

Et, soutenu par nous, sur eux Rousseau s'élance ;

Bavarois aussitôt de filer sans tambour.

Pour nous sauvegarder de leur choc en retour,

Jusqu'à Crissé, Rousseau les rejette en désordre ;

Au vingt-unième corps depuis ils n'osent mordre.

Ce récit de soldat va toucher à sa fin :

C'est Évron et Mayenne et l'armistice enfin ;

A Contest, triste endroit, Contest la mer de boue,

Au putride foyer où la mort fauche et joue.

Février, c'est Purnon auprès de Mirebeau,

Désœuvrement, ennui, voilà notre tableau ;

Car Favre avait lâché sa larme légendaire

Et le plan avorté retournait au notaire.

La France mutilée alors agonisait ;

Tout était bien fini, le sort s'accomplissait !

—◇—

Verrue-Purnon, 1ᵉʳ mars 1871.

A Mᶫᶫᵉ DE MONTESQUIOU.

Sexe charmant et né pour plaire,

Chanté jadis par Legouvé,

Astre dont le rayon éclaire

L'horizon du foyer privé,

Au terme de notre voyage,

Que ton souris tombe sur nous :

C'est l'arc-en-ciel après l'orage,

Le présage de jours plus doux.

Le courage de l'Amazone

Plaisait à l'Antiquité ;

Je lui préfère ta couronne,

O jeune fille, la bonté.

Les perles de ton diadème,

Tu les égrenais à Purnon ;

De l'une j'ai fait ce poème,

Un soir, en invoquant ton nom.

Jane était condamné par la cour martiale :

Bientôt devait pour lui sonner l'heure fatale,

La terrible sentence allait avoir son cours ;

Il voyait s'écouler le dernier de ses jours !

Par l'aumônier guidée, en sa prison humide,

Entre une blonde enfant ; elle avance timide

Vers Jane tremblant.—Qui donc êtes-vous ?—L'Espoir !

« Nous avons demandé grâce au Chef du Pouvoir ;

« Nous l'avons, la voici, Jane, je vous l'apporte. »

— « Merci, dit le soldat, ma mère en serait morte,

« Vous nous avez sauvé la vie à tous les deux. »

Des larmes dans la voix et des pleurs plein les yeux,

La parole restait captive sur sa lèvre ;

De son regard brillant par la joie et la fièvre

Il cherche... ses genoux se dérobent sous lui ;

Il regarda longtemps... mais la fée avait fui.

—◇—

Poitiers, 17 mars 1871.

Près Poitiers, Chasseneuil, auprès de la Rivière,

Vit le désarmement, fin de notre carrière.

—◇—

ADIEUX D'UN GAS DE LIVAROT A SON FUSIL.

Poitiers, 17 mars 1871.

Nous allons nous quitter, adieu, mon chassepot,

Le ministre l'ordonne : il faut à Livarot,

Hélas! rentrer sans toi. Quelle piteuse mine !

Mon azor sur le dos et sans ma carabine !

Te souviens-tu, mon vieux, qu'un maudit allemand,

A Touvois, fut par toi descendu promptement ?

N-i-ni, c'est fini, vois, je pleure de rage,

Rentrer sans chassepot... j'aurai pas ce courage.

Ben, puisqu'on nous sépare, adieu! pour Livarot

Je cours prendre le train pour arriver plus tôt.

Non, tout n'est pas fini; l'Alsace et la Lorraine

Nous attendent. — La paix est faîte ! non; la haine !...

Ne le savais-tu pas, Vilhem le Conquérant.

Recueillons-nous : pourquoi dire : Allah était grand ?

C'est vrai, mais Gambetta n'était pas son prophète.

Ah ! n'accusons que nous, nous seuls, de la défaite.

Dans nos propres filets nous avons été pris ;

De nos *oui* malheureux nous connaissons le prix :

Cinq milliards et plus d'un pouce de territoire !

Et les points noirs fameux maculant notre histoire !

Courage ! et nous saurons fatiguer le destin ;

Courage ! et la nuit sombre aura son beau matin.

Purifions le sang qui coule dans nos veines

Au creuset du travail, et dans d'autres arènes

Alors nous descendrons calmes et l'œil serein.

Nous nous battrons encor aux sons de ce refrain

Qui nous est si cher : En avant la Normandie !

Oh ! non, elle n'est pas, ô Normands, engourdie

Cette antique vaillance, héritage des preux.

Oui, nous verrons un jour, sous des coups valeureux,

Cette Prusse abhorrée à nos pieds piétinée,

Et la France accomplir sa grande destinée !

Caen, typ. F. Le Blanc-Hardel.